Benjamin Franklin

Rick Burke

Heinemann Library
Chicago, Illinois

© 2003 Heinemann Library
a division of Reed Elsevier Inc.
Chicago, Illinois

Customer Service 888-454-2279

Visit our website at www.heinemannlibrary.com

Created by the publishing team
at Heinemann Library

Designed by Sarah Figlio
Photo Research by Dawn Friedman
Translation into Spanish produced by
DoubleO Publishing Services
Printed in China

07 06
10 9 8 7 6 5 4 3 2

Library of Congress Cataloging-in-Publication Data
Burke, Rick, 1957-
  [Ben Franklin. Spanish]
  Benjamin Franklin / Rick Burke.
     p. cm. -- (Personajes estadounidenses)
  Includes bibliographical references and index.
  ISBN 1-4034-9166-6 (hp - library binding) -- ISBN
1-4034-9173-9 (pb)
  ISBN 978 1-4034-9166-4 (hp - library binding) -- ISBN
978 1-4034-9173-2 (pb)
  1. Franklin, Benjamin, 1706-1790--Juvenile
literature. 2. Statesmen--United States--Biography--
Juvenile literature. 3. Scientists--United States--
Biography--Juvenile literature. 4. Inventors--United
States--Biography--Juvenile literature. 5. Printers--
United States--Biography--Juvenile literature. I.
Title. II. Series.
  E302.6.F8B893618 2006
  973.3092--dc22   2006007296

Acknowledgments
The author and publishers are grateful to the
following for permission to reproduce copyright
material: Title page, p. 5 The Corcoran Gallery of
Art/Corbis; pp. 4, 9, 10, 11, 22, 23, 26 Bettmann/
Corbis; p. 6 New York Public Library/Art Resource;
p. 7 Library of Congress; pp. 8, 18 Stock Montage,
Inc.; pp. 12, 13, 14, 16, 25, 27 North Wind Picture
Archives; pp. 19, 21, 24 Hulton Archive/Getty
Images; p. 20 Joseph Sohm/Visions of America/
Corbis; p. 28 Francis G. Mayer/Corbis; p. 29
Collection of the Spruance Library of the Bucks
County Historical Society

Cover photograph: The Corcoran Gallery of
Art/Corbis

Special thanks to Patrick Halladay for his help in
the preparation of this book.

Every effort has been made to contact copyright
holders of any material reproduced in this book.
Any omissions will be rectified in subsequent
printings if notice is given to the publisher.

Algunas de las palabras aparecen en negrita, **como éstas.**
Puedes encontrar lo que significan en el glosario.

Para más información sobre la imagen de Benjamin Franklin
que aparece en la cubierta del libro, busca en la página 5.

Contenido

Rayos y electricidad

Un día nublado de junio en 1752, Benjamin Franklin miró por su ventana. Estaba contento de ver que se acercaba una tormenta. Ben había esperado que una tormenta llegara a Philadelphia durante varios días. Philadelphia era una ciudad en la **colonia** de Pennsylvania.

Ben había estado pensando en un experimento que quería hacer. Muchas personas inteligentes del mundo pensaban que los rayos eran parecidos a la **electricidad.** Ben pensó en un método para probar que los rayos eran en realidad una forma de electricidad.

Ben y su hijo realizaron el experimento desde el interior de un cobertizo cerca de un prado.

4

Ben y su hijo William entraron a un cobertizo. Desde allí, Ben voló una cometa que él mismo había hecho. Había colocado un alambre metálico en el extremo de la cometa. Tras unos minutos, las nubes de la tormenta pasaron sobre la cometa. Las cargas eléctricas de las nubes viajaron por la cuerda de la cometa y cargaron una llave que Ben había atado a la cuerda. Cuando Ben tocó la llave con los nudillos, vio una chispa.

El pintor Joseph Wright hizo este retrato de Franklin en 1782.

¡Ben había probado que los rayos eran electricidad!

El doctor Franklin

Tras el experimento de Ben, las universidades como Harvard y Yale le concedieron premios. Algunas personas le llamaban "Doctor Franklin", porque a otros científicos que realizaban experimentos les llamaban doctores en ciencias.

El joven Ben

Benjamin Franklin nació el 17 de enero de 1706, en Boston, Massachusetts. Su padres eran Josiah and Abiah Franklin. Ben tenía dieciséis hermanos y hermanas. Era el

Así se veía la bahía de la ciudad de Boston en la década de 1730.

décimo hijo y el varón más joven. Josiah fabricaba velas y jabones y tenía una tienda en la que vendía sus productos.

Boston era una ciudad importante en las **colonias** norteamericanas de Gran Bretaña. Para un chico, era un sitio divertido donde vivir. La bahía de Boston estaba llena de barcos cargados de mercancías de todo el mundo. A Ben le gustaba ver a los marineros descargar cosas extrañas de los barcos, por ejemplo, animales que venían de otras partes del mundo.

La vida de Benjamin Franklin

1706	1719	1733	1752
Nace en Boston el 17 de enero.	*Se hace **aprendiz** en la imprenta de su hermano.*	*Imprime el primer **almanaque**.*	*Prueba que el relámpago es una forma de **electricidad**.*

6

Esta estatua de Franklin está en el exterior de un edificio en Boston donde Franklin asistía a la escuela. También está cerca del edificio donde nació.

Lo que más le gustaba a Ben de vivir en Boston era que la ciudad estaba prácticamente rodeada de agua. A Ben le encantaba nadar. Para nadar más rápido, Ben fabricó unas paletas de madera que se ajustaba a las manos.

Una vez, mientras nadaba, Ben se sujetó a una cometa y dejó que el viento la empujara. El viento era tan fuerte que empujó a Ben y a la cometa ¡por todo el estanque!

1776	1778	1787	1790
Ayuda a Thomas Jefferson a escribir la **Declaración de Independencia.**	Convence a Francia de ayudar a los Estados Unidos en la **Guerra de Independencia.**	Ayuda a escribir la Constitución de los Estados Unidos.	Muere el 17 de abril en Philadelphia.

La escuela

A la madre de Ben, Abiah, le encantaba leer. Pasó su amor por los libros a su hijo menor. Ben aprendió a leer con sólo tres o cuatro años. Josiah sabía que su hijo era inteligente y decidió mandarlo a la escuela. Josiah quería que su hijo fuera **ministro** de la Iglesia.

No todo el mundo iba a la escuela cuando Ben era pequeño. Josiah tenía que pagar para que Ben fuera a la escuela. Ben era el más listo de su clase, pero después de un año Josiah supo que Ben nunca sería ministro. Se dio cuenta de que Ben no estaba hecho para ser ministro cuando Ben preguntó un día si, para ahorrar tiempo, podía bendecir su comida para todo el año.

Franklin asistió a la primera y más antigua escuela pública en América, que se inauguró en 1635.

8

Este dibujo del siglo XIX muestra a Franklin cuando era joven quitando hierbas malas de un jardín.

El año siguiente, Josiah envió a Ben a una escuela de escritura. En las escuelas de escritura, los estudiantes aprendían a leer, escribir y hacer problemas sencillos de matemáticas. Estas escuelas eran para estudiantes que algún día probablemente trabajarían en una tienda. Josiah sólo podía pagar para que Ben fuera dos años a la escuela. El resto de su vida, Ben aprendió todo lo que quería aprender leyendo libros.

Ser aprendiz

Cuando Ben tenía doce años, su padre le dijo que debía tomar una decisión. Ben tenía que decidir qué trabajo iba hacer el resto de su vida. En la época de Ben, los jóvenes a menudo eran enviados a trabajar a un taller para aprender un oficio.

Los trabajadores llamados artesanos fabricaban cosas útiles que la gente de la ciudad compraba y usaba. Los artesanos hacían barriles, teteras de plata y joyas, zapatos y botas, o ruedas de carretas. A un niño que enviaban a aprender un oficio de un artesano lo llamaban **aprendiz.**

Ben ganaba dinero escribiendo y vendiendo canciones en Boston. En un libro que escribió, Ben dijo que empezó a escribir canciones a los siete años.

A Ben no le hacía feliz tener que elegir su futuro trabajo. Sabía que lo mandarían a vivir con un artesano y que trabajaría sin paga. El artesano le daría comida y un sitio para vivir y le enseñaría todo lo que supiera sobre su **oficio.**

A cambio, Ben tendría que trabajar para el artesano hasta los 21 años. Ben creía que aprendería todo lo que necesitaba saber en más o menos un año. Después no podría moverse del taller los ocho años siguientes.

Este dibujo muestra a Ben de joven en el extremo de la derecha. Se le ve trabajando de aprendiz en la imprenta de su hermano.

Trabajar para James

El padre de Ben le preguntó si quería ser **aprendiz** en el taller de velas y jabones de la familia. A Ben no le gustaba el olor del taller y dijo que no. Ben visitó otros talleres en Boston para poder elegir un **oficio** que le gustara.

Finalmente, Ben decidió que quería imprimir libros y periódicos. Trabajaría en la imprenta de su hermano James en Boston y aprendería a ser un impresor.

Este dibujo muestra cómo podría haber sido la imprenta de James.

12

Ben aprendió todo lo que James tenía que enseñarle en sólo un año, como pensó que ocurriría. Después, se aburría mucho. Para divertirse, Ben escribía cartas graciosas fingiendo ser otras personas. James las imprimía en su periódico. Todos en Boston compraban el periódico para leer las cartas y reírse. Nadie sabía que Ben escribía las cartas, ni siquiera James.

Ben hizo un trato con James. James dio a Ben la mitad del dinero que gastaba en alimentarlo. Ben usó el dinero para comprar pan y pasas y gastó el resto en libros. Prefería leer a comer en gran cantidad.

Ésta es una página del periódico de James, el *New England Courant*. Comenzó a publicarse el 4 de febrero de 1723.

La huida

Ben se quedaba despierto hasta tarde leyendo. A veces leía durante toda la noche y no dormía nada. Para él valía la pena porque así aprendía ideas nuevas.

Un día, Ben le dijo a James que él había escrito las cartas graciosas. James se enojó porque deseaba haberlas escrito él. James maltrataba a Ben e incluso le pegaba a veces. Ben decidió que no trabajaría para James hasta cumplir 21 años. Tomó sus libros y huyó.

En la época de Franklin, muchas personas leían periódicos en las salas de lectura de las bibliotecas.

Ben abandonó Boston en un barco que viajaba a la Ciudad de Nueva York. Allí no encontró trabajo, así que caminó más de 50 millas (80.5 kilómetros) hasta encontrar un barco que lo llevara a Philadelphia. Allí, en el otoño de 1723, Ben encontró trabajo en la imprenta de Samuel Keimer.

Ben alquiló una habitación en la casa de la familia Read. Los Read tenían una hija llamada Deborah. Ben y Deborah comenzaron a enamorarse, pero la madre de Deborah pensaba que su hija era demasiado joven para casarse.

Un nuevo hogar

Este mapa muestra algunas de las colonias y ciudades a las que viajó Ben buscando trabajo.

Reglas a seguir

Ben siguió leyendo libros para aprender lo más posible. Según leía, escribió trece reglas a seguir en la vida para mejorar como persona. Practicaba una regla cada semana y trabajaba en otra regla la semana siguiente. Tras trece semanas, empezaba de nuevo.

Cuando Franklin llegó a Philadelphia, llevaba consigo las herramientas que necesitaba como impresor.

Éstas eran las reglas:
1. No comas o bebas demasiado. 2. No bromees o hables demasiado. 3. Mantén tus cosas en orden. 4. Haz lo que te propongas hacer. 5. No gastes demasiado dinero. 6. No malgastes el tiempo. 7. Sé **sincero.** 8. Sé justo. 9. No tomes decisiones **extremas.** 10. Sé limpio. 11. Mantente tranquilo. 12. No te enredes con chicas. 13. No presumas.

En 1724, Ben conoció a William Keith de Pennsylvania. Era el gobernador, o líder, de la colonia. Keith ofreció ayudar a Ben a abrir su propia imprenta. Envió a Ben a Londres, en Inglaterra, para comprar una prensa, pero Ben acabó trabajando como impresor en Londres. Dos años después, había ahorrado suficiente dinero para comprar un billete en un barco que iba a Philadelphia.

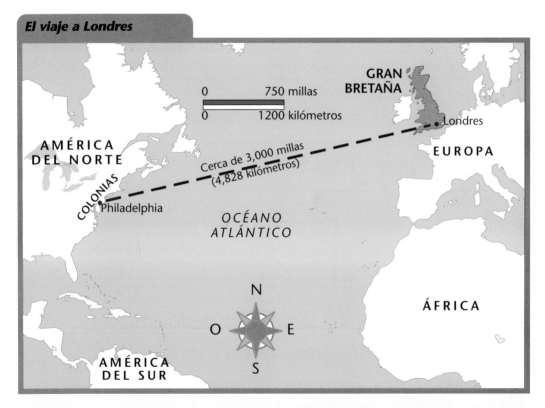

El viaje a Londres

Franklin viajó desde Philadelphia hasta Londres, pero cuando llegó, Keith cambió de idea sobre la compra del equipo de imprenta. Ben tuvo que buscar trabajo en Londres.

La imprenta de Ben

Ben volvió a Philadelphia y a su trabajo en la imprenta de Samuel Keimer en 1726. Allí, conoció a un joven **aprendiz** llamado Hugh Meredith. El padre de Hugh era rico y les ayudó a abrir su propia imprenta.

Esta página pertenece al periódico de Franklin, impreso en 1739.

Ben quería empezar un periódico, pero Samuel Keimer se enteró de los planes de Ben y empezó uno primero. Ben escribió cartas graciosas a otro periódico para que la gente comprase ése en vez de comprar el de Samuel. Samuel comenzó a perder dinero, así que vendió a Ben su periódico.

El periódico de Ben tuvo mucho éxito inmediatamente. La imprenta también imprimía moneda para la **colonia** de Delaware. Ben ya había hecho esto antes en la imprenta de Samuel Keimer.

Deborah Read, en la imagen, conoció a Ben en 1723.

En 1730, Ben se casó con Deborah Read. Abrieron una tienda a la entrada de la imprenta. Vendían muchas cosas, incluidas las velas y jabones de Josiah Franklin. Ben se convirtió en un hombre importante en Philadelphia. Fundó un club donde los hombres hablaban de libros y de ideas. Se llamó el "Club Junto".

La familia de Ben

Ben y Deborah criaron a tres hijos. Se llamaban William, Francis y Sarah. Sarah bautizó a su hijo mayor Benjamin, el nombre de su padre. Ya anciano, Ben vivió con Sarah y, al morir, le dejó la mayor parte de su dinero.

Poor Richard's Almanac

En 1733, Ben comenzó a imprimir algo que lo haría rico y famoso. En aquella época, las familias solían tener solamente dos libros en sus hogares: una Biblia y un **almanaque.**

Los almanaques eran libros en los que la gente intentaba adivinar cómo sería el tiempo durante ese año. Esto ayudaba a los agricultores a decidir cuándo plantar sus cosechas. Los almanaques también decían dónde estaban los planetas y las estrellas en el cielo por la noche. Los marineros observaban las estrellas y los planetas para saber en qué lugar del mundo estaban.

Benjamin Franklin aparece en los billetes de $100 de los EE.UU. En algún momento, la imprenta de Ben imprimió moneda que se usaba en la colonia de Delaware.

En 1733, Ben imprimió su primer *Poor Richard's Almanac*. Ben fingió ser un tal Richard Saunders. Escribió que el pobre Richard necesitaba imprimir almanaques porque a su esposa le gustaba gastar dinero. El almanaque de Ben era una colección de todas las cosas que contenían usualmente los almanaques. Además, *Poor Richard's Almanac* tenía los escritos de Ben.

Esta página pertenece al primer *Poor Richard's Almanac*.

Ben era un escritor maravilloso que hacía reír a las personas. También los hacía pensar. Durante los siguientes 25 años, Ben imprimió sus almanaques y la gente de todas las **colonias** los compraba. Ben ganó tanto dinero que se **retiró** del negocio de la imprenta a los 52 años.

A la cama

Uno de los dichos del almanaque de Ben era: "Quien pronto se acuesta y pronto se levanta tendrá salud, sabiduría y riqueza".

Los inventos de Ben

Ben no se **retiró** para relajarse el resto de su vida. Su cabeza estaba llena de ideas que quería desarrollar. Su imprenta le dejaba poco tiempo para hacerlo.

Ben comenzó a inventar cosas que aún usamos hoy en día. Inventó las gafas bifocales. La parte de arriba en un lente bifocal ayuda a la gente a ver de lejos. La parte de abajo sirve para que vean de cerca, por ejemplo, al leer.

Este dibujo muestra cómo hubiera sido Franklin cuando leía sus planos para gafas bifocales.

Director de Correos

*Ben se convirtió en **Director de Correos** de Philadelphia en 1737. El correo de todas las **colonias** pasaba por Philadelphia.*

Cuando una familia se sentaba alrededor de la chimenea en la época de Ben, la parte delantera de sus cuerpos se calentaba pero la parte trasera podía estar helada. Ben inventó una estufa que calentaba toda la habitación. Ese tipo de estufa todavía se usa. Se le llama una estufa Franklin.

Ben inventó una silla que se convertía en escalera para alcanzar cosas de los estantes. También inventó el pararrayos. Los pararrayos se colocan en los tejados de los edificios. Usualmente, los rayos caen sobre los pararrayos en lugar de caer sobre el edificio, evitando que se incendie.

Franklin también inventó un instrumento con el que un músico podía producir notas musicales tocando vasijas de cristal que giran.

Un americano en Londres

Los **colonos** de América no estaban contentos con la forma en que los gobernaban Jorge III, rey de Gran Bretaña, y su **Parlamento.** A finales de 1764, Ben fue a Londres, Inglaterra, para hablar por los colonos.

Ben quería que Gran Bretaña y las colonias estuvieran más unidas. Sin embargo, en los años siguientes, el Parlamento aprobó leyes que enojaron a algunos colonos norteamericanos. Ben pasó los diez años siguientes viviendo en

Este dibujo muestra una reunión del Parlamento en 1742.

Londres, mientras Deborah y sus hijos se quedaron en Philadelphia. En Gran Bretaña, Ben se convirtió en la voz de los colonos norteamericanos.

Ben pudo hacer algunas cosas que ayudaron a los colonos. Consiguió que el Parlamento retirase el Acta del Timbre. Esa acta cobraba impuestos a los colonos siempre que usaban papel. Sin embargo, Ben no pudo hacer nada contra el acta del Parlamento sobre el té. El impuesto sobre el té enojó mucho a los colonos.

El 16 de diciembre de 1773, un grupo de hombres de Boston se vistieron de indígenas. Echaron las cajas de té a la bahía de la ciudad para demostrarle al Parlamento que odiaban el impuesto sobre el té. Ben comenzó a pensar que las colonias no podían seguir formando parte de Gran Bretaña. Justo cuando las cosas empeoraban entre Gran Bretaña y los colonos, murió la esposa de Ben. Ben navegó de vuelta a Philadelphia en 1775.

La noche en que los colonos echaron el té a la bahía se conoce hoy como "el Motín del Té".

25

Un americano en Francia

En 1775, Gran Bretaña y las **colonias** fueron a la guerra. Ben fue elegido entre los hombres que formaban parte del **Congreso Continental.** El Congreso recaudaba dinero para el ejército norteamericano, liderado por el general George Washington. También gobernaba las colonias durante la **Guerra de Independencia.**

En junio y julio de 1776, Ben ayudó a Thomas Jefferson a escribir la **Declaración de Independencia.** Este documento explicaba al mundo por qué debían ser libres las colonias.

Esta imagen muestra a Thomas Jefferson leyendo una versión de la Declaración de Independencia a Franklin.

Esta pintura muestra a Franklin en París, Francia.

En octubre de 1776, el Congreso Continental envió a Franklin a Francia. Los Estados Unidos se acababan de formar y necesitaban armas para luchar contra los británicos, pero el Congreso no tenía dinero para comprarlas. El Congreso pensó que Ben conseguiría que el rey de Francia les diera el dinero y les ayudara a luchar.

Los franceses respetaban a Ben por sus experimentos. En 1778, Ben convenció al rey de Francia para que ayudase a los EE.UU. a luchar contra los británicos. Con la ayuda de Francia, los EE.UU. ganaron la **Guerra de Independencia.**

William

Durante la Guerra de Independencia, William, el hijo de Ben, apoyó a Gran Bretaña. Ben y él no se hablaban.

27

Los últimos días de Ben

Después de la guerra, los servicios de Ben al nuevo país, EE.UU., no habían terminado. Los EE.UU. eran un país libre, pero necesitaban un conjunto de leyes que los estadounidenses debían seguir. En 1787, Ben fue uno de los hombres elegidos para escribir esas leyes. Las leyes forman la Constitución de los EE.UU.

La Constitución ha guiado a los Estados Unidos por más de 200 años. Las palabras de la Constitución también han servido de modelo para otros gobiernos.

Este retrato de Franklin es de 1789, un año antes de su muerte.

En los últimos años de su vida, Ben escribió su historia. La llamó la *Autobiografía de Benjamin Franklin.* Una autobiografía es un libro escrito por una persona sobre su propia vida. Ben murió en Philadelphia, el 17 de abril de 1790.

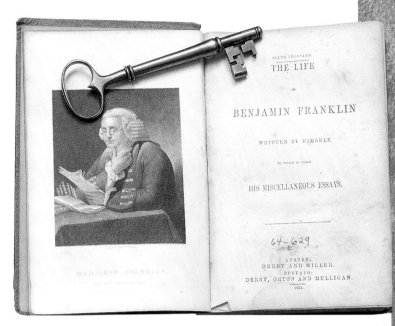

Una de las autobiografías de Franklin está en un museo en Doylestown, Pennsylvania.

Ben pasó su vida intentando mejorar. Haciendo esto, ayudó a toda una nación a ser libre. Ben fue el primer gran escritor, científico y **diplomático** estadounidense. Muchas personas creen que Ben fue el primer gran estadounidense.

El funeral de Ben

Unas 20,000 personas fueron al funeral de Franklin. Fue enterrado al lado de su mujer en Christ Church, Philadelphia.

Glosario

almanaque libro que sale cada año y tiene un calendario, predicciones sobre el tiempo y listas de datos sobre las mareas, las salidas y las puestas de sol

aprendiz persona que trabaja para un artesano durante siete u ocho años para aprender un oficio

colonia grupo de personas que se muda a otra tierra, pero que es gobernada por el país que dejó. Las personas que viven en una colonia se llaman colonos.

Congreso Continental grupo de hombres que habló y actuó en el nombre de las colonias que se convirtieron en los Estados Unidos. Se fundó con el propósito de tratar las quejas contra Gran Bretaña.

Declaración de Independencia documento donde se decía que los Estados Unidos eran una nación independiente. Independiente significa que no está controlada o gobernada por otra persona o gobierno.

diplomático persona de un país que habla y trata con los gobiernos de otro países

Director de Correos persona encargada del correo de los Estados Unidos

electricidad energía de la naturaleza que usan las personas para encender lámparas y calentar casas

extremos dos cosas que son tan distintas o están tan separadas, como reír y llorar

Guerra de Independencia guerra entre 1775 y 1783 en la que los colonos norteamericanos ganaron su libertad de Gran Bretaña

ministro líder y orador de una iglesia

oficio trabajo que usualmente requiere formación

Parlamento grupo de personas que hacen las leyes
para Gran Bretaña y sus colonias

retirarse dejar de trabajar por dinero, normalmente
al hacerse mayor

sincero honrado y honesto

Más libros para leer

Colman, Warren. *La Constitución*. Childrens Press, 1989.

Glass, Maya. *Benjamin Franklin: Político e inventor
estadounidense*. Rosen Publishing Group, 2003.

Lugares para visitar

**Benjamin Franklin National Memorial and
Franklin Institute Science Museum**
(Monumento Nacional a Benjamin Franklin y
Museo de Ciencias Instituto Franklin)

222 N. 20th Street

Philadelphia, Pennsylvania 19103

Información al visitante: (215) 448-1200

**Benjamin Franklin Birthplace (International Institute
of Boston)** (Lugar de nacimiento de Benjamin Franklin,
Instituto Internacional de Boston)

One Milk Street

Boston, Massachusetts 02109

Información al visitante: (617) 338-6022

Índice